I [illegible] CU

TU AI UN FEL DE PARADIS AL TĂU

poeme de dragoste

//bestseller

Chișinău • București
2026

Redactor: Rodica Roșca
Foto copertă: Dmitriy Maley
Design: Georgeta Vrabie

Descriere CIP a Camerei Naționale a Cărții
Stănescu, Nichita
Tu ai un fel de paradis al tău / Nichita Stănescu
Chișinău / București, Editura Bestseller, 2026, 128 pag.

ISBN 978-9975-3420-9-4
821.135.1-1
S 77

Pentru comenzi:

www.bestseller.ro
www.bestseller.md

Tipărit la European Printers

Am să-ți fur un
colț de suflet,
și-am să-l ascund
departe,
adânc,
în sufletul meu
acolo unde
este un colț lipsă,
acolo unde
a mușcat viața adânc,
lăsându-mă cu sufletul
pe jumătate...

DORA

I

În desimea mea înceată
ți-ai lăsat numai o pleată
iară toate pletele
să le guste stelele
în somnul cel agitat
doar o geană ți-ai lăsat
tu ți-ai pus sprâncenele
pe toate poienele
iar de sărutat nici vorbă
tu la verb nu ai vreo treabă
vine timpul să absoarbă
pe-mpărat cu tot cu roabă
Să lăsăm noi trenul gol?
te întreb cu vers domol
sau să-l ungem cu pelin
căci iar mosafirii vin
pe la noi în zestrea noastră
pasăre măiastră.

II

Atât de mult eu o iubeam pe ea
că însuși cerul se curba
albastru.

III

Dă-mi cuptorul pântecului tău femeie
vreau să coc în el o fată
am ales din ochii mamei mele
data care n-a fost niciodată
verbul râurilor sfinte
care urcă-n sus spre munte
ce n-au maluri ci izvoare
mute și necântătoare
stânde în pietrificare
și-n privighetoare

IV

Ce splendoare de păr și ce bogăție de plete
poți să ai tu Dora
de am putea la iarnă să ne încălzim
rubedeniile amândurora
iar dacă mor nu voi sicriu bogat
ci părul să ți-l retezi pe mine
și măru-n mână să mi-l pui
să-nceapă de din nou cea izgonire
din raiul vieții în raiul nimănui
în raiul păsării
în sâmburele zarzării
pe apa sâmbetii
surâsul Giocondei

Dar mai bine dacă-ar fi mai bine să-ți zic
mai flutură-ți tu Dora părul tău cu chip
mai lasă-mi-l să-l flutur într-un vers
mai însteleză-mă tu Dora cu un univers

V

Ea era lacrima cea plânsă de durere
de o femeie în naștere
și lapte de la ea îmi era
pe când ființa mi se alăpta
Să pun o mână peste ea, se rupe-n două
de-o văd, se umple iarba doar cu rouă
iar dac-o prind de șold și o sărut
se-ncepe lumea de la început
cu cai cu boi și cu draci
cu îngeri ierburi și copaci.

TU AI
UN FEL DE
PARADIS AL TĂU
ÎN CARE
NU SE SPUN
CUVINTE.

Nichita Stănescu

DREPTUL LA TIMP

Tu ai un fel de paradis al tău
în care nu se spun cuvinte.
Uneori se mișcă dintr-un braț
și câteva frunze îți cad înainte.
Cu ovalul feței se stă înclinat
spre o lumină venind dintr-o parte
cu mult galben în ea și multă lene,
cu trambuline pentru săritorii în moarte.
Tu ai un fel al tău senin
De-a ridica orașele ca norii,
și de-a muta secundele mereu
pe marginea de Sud a orei,
când aerul devine mov și rece
și harta serii fără margini,
și-abia mai pot rămâne-n viață
mai respirând, cu ochii lungi, imagini.

POEM

Spune-mi, dacă te-aș
prinde-ntr-o zi și ți-aș
săruta talpa piciorului,
nu-i așa că ai șchiopăta
puțin,
după aceea, de teamă
să nu-mi strivești sărutul?...

AȘ MINȚI SĂ SPUN
CĂ NU REGRET NIMIC,
DAR IARĂȘI AȘ MINȚI
DACĂ AȘ SPUNE CĂ
REGRET CEVA.

Nichita Stănescu

ȘI NU VA MAI FI
NICI IERI
NICI AZI
NICI MÂINE...
VA FI DOAR ATUNCI
CÂND AM RÂS SAU AM PLÂNS, ODATĂ,
ÎMPREUNĂ.

Nichita Stănescu

TINERII

Se sărută, ah, se sărută, se sărută
tinerii pe străzi, în bistrouri, pe parapete,
se sărută întruna ca și cum ei înșiși
n-ar fi decât niște terminații
ale sărutului.
Se sărută, ah, se sărută printre mașinile-n goană,
în stațiile de metrou, în cinematografe,
în autobuze, se sărută cu disperare,
cu violență, ca și cum
la capătul sărutului, la sfârșitul sărutului, după sărut
n-ar urma decât bătrânețea proscrisă
și moartea.
Se sărută, ah, se sărută tinerii subțiri
și îndrăgostiți. Atât de subțiri, ca și cum
ar ignora existența pâinii pe lume.
Atât de îndrăgostiți, ca și cum, ca și cum
ar ignora existența însăși a lumii.
Se sărută, ah, se sărută ca și cum ar fi
în întuneric, în întunericul cel mai sigur,
ca și cum nu i-ar vedea nimeni, ca și cum
soarele ar urma să răsară
luminos
abia
după ce gurile rupte de sărut și-nsângerate
n-ar mai fi în stare să se sărute
decât cu dinții.

MĂ VOI PREFACE ORB
ȘI AM SĂ VIN CU BRAȚUL ÎNTINS,
SĂ-ȚI MÂNGÂI CHIPUL.

Nichita Stănescu

SĂRUTUL

Vederea lumii se-adumbrea, când noi
ne sărutam în piețe și în scuaruri.
Un aer mat ne-nfăşura, şi nimeni
nu ne-a lovit vreodată cu privirea.

Doar steaua neagră-a părului tău scurt
îmi atingea, cu clinchet stins, un umăr,
și toți credeau că bate-n arbori ora
când soarele apune la amiază.

Şi păsări mari se coborau pe bănci
şi pe statui, pe cabluri, peste iarbă...
Luceau intens, presate de un cer
pe care-l începea iubirea noastră.

UNIVERSUL POATE
FI DESCOPERIT ÎN PROPRIA INIMĂ
SAU ÎN INIMA ALTORA.

Nichita Stănescu

SPIRIT DE DOINĂ

Uneori sunt atât de singur
de parcă aş da înapoi
sânilor mamei
laptele supt din ei.
Alteori
sunt atât de nesingur
de parcă aş fi însăşi natura.
Niciodată însă
Nu m-a bătut vreo stea
atât de strălucitoare
încât să-i fiu umbră.
Mă ține în secunda aceasta de viață
dragostea mea
De o femeie firească.

DOAR CHIPUL TĂU, IUBITO,
LASĂ-L AȘA CUM ESTE,
REZEMAT ÎNTRE DOUĂ BĂTĂI
ALE INIMII MELE.

Nichita Stănescu

©Alfredo Padrón

TOT CE TE DOARE ÎȚI TRECE.
NUMAI CEEA CE ÎNȚELEGI
NU-ȚI TRECE NICIODATĂ.

Nichita Stănescu

EA

Te-aș fi răsturnat cu o privire, draga mea,
de-aș mai fi avut vederea de-a vedea,
te-aș fi ridicat în aerul cu nori
de-aș fi avut eu aripi de la sicomori!

Ah, iubito, tu, de draga mea,
în secundă te-aș și îngheța,
dar mi-e timpul meu departe foarte
fugărind pe alte roate
o imagine de moarte
când mi-e unul către șapte.
De-aș putea să te năzar
viața mea n-ar fi-n zadar.

CEA MAI MARE FERICIRE ESTE
SĂ SIMȚI CĂ CINEVA TE IUBEȘTE,
NU SĂ ȘTII, CI SĂ SIMȚI.

Nichita Stănescu

DEȘI

Deși inima mea este
ascunsă între coaste,
să vezi tu ce poveste:
mi-e foarte dor de tine.
Deși șchiopăt puțin
și mă doare,
oh, de la o vreme mă doare
creanga cea groasă și cea mare
de care s-a spânzurat altul,
să vezi și tu ce poveste,
ah, ce poveste:
mi-e foarte dor de tine.
Cred că a trecut timpul,
cred că a apus luna,
pe câmp au ieșit la întuneric
șoarecele de câmp și inorogul feeric, -
să vezi și tu ce poveste,
ah, ce poveste:
mi-e foarte dor de tine.
Deși ai inimă înlăuntrul tău
și ascunsă sub coastă,
mi-e foarte dor de tine.

DRAGOSTEA,
PUTEREA DE A IUBI
ÎMPODOBITĂ DE ERORI
CA FLUTURELE DE POLEN,
NUMAI EA NE FACE SĂ TRĂIM.

Nichita Stănescu

ACELAȘI GÂND

Ferește-te să ai dreptate
când ești îndrăgostit!
Mai bine să ai umbră,
mai bine să ai rază,
mai bine să ai lacrimă,
mai bine să ai orice altceva!

Un om îndrăgostit când are
dreptate
e un om singur,
numai tristețea are dreptate.

Tu, mai bine să ai bolovani,
mai bine să ai vulturi,
mai bine să ai albul zăpezii!

MI-E DOR
SĂ POT
SĂ NU-MI MAI FIE
DOR DE TINE.

Nichita Stănescu

ÎN DULCELE STIL CLASIC

Dintr-un bolovan coboară
pasul tău de domnișoară.
Dintr-o frunză verde, pală
pasul tău de domnișoară.

Dintr-o înserare-n seară
pasul tău de domnișoară.
Dintr-o pasăre amară
pasul tău de domnișoară.

O secundă, o secundă
eu l-am fost zărit în undă.
El avea roșcată fundă.
Inima încet mi-afundă.

Mai rămâi cu mersul tău
parcă pe timpanul meu
blestemat și semizeu
căci îmi este foarte rău.

Stau întins și lung și zic,
Domnișoară, mai nimic
pe sub soarele pitic
aurit și mozaic.

Pasul trece eu rămân.

Comentariu literar

Poezia „În dulcele stil clasic” ilustrează viziunea despre lume a poetului din perioada apogeului creației sale, ea făcând parte din volumul cu același nume. Văzută prin prisma neomodernistă, lumea și, prin urmare, creația poetică stănesciană se caracterizează prin emoție, trăire profundă, sensibilitate.

„În dulcele stil clasic” este o poezie în care se observă renunțarea la clișee și, totodată, lucrarea poate fi văzută ca o confesiune a eului liric prins în ghearele iubirii, dar și ca o prezentare a crezului poetului și a părerilor sale despre artă. Așadar, una dintre temele poeziei este iubirea, sentiment pe care Stănescu îl exprimă într-o manieră inovatoare, specifică neomodernismului. Această temă pune în lumină viziunea exuberantă, entuziastă, pe care eul îndrăgostit o are asupra lumii care-l înconjoară.

Semnificația titlului

Analizând elementele de compoziție ale poeziei stănesciene, observăm faptul că acestea au anumite particularități care fac posibilă încadrarea poeziei în linia neomodernismului. Un alt element compozițional care surprinde cititorul într-o manieră specifică neomodernismului este titlul poeziei. Acesta reflectă atitudinea de admirație, dar totodată și ironia autorului pentru întoarcerea la concepțiile clasice. Astfel, titlul este o ilustrare a viziunii poetice neomoderniste prin parodierea ideilor literare vechi.

Secvențele lirice

Din punctul de vedere al compoziției, textul poetic este constituit din patru catrene urmate de un vers liber, fiecare strofă fiind o ilustrare a temei poeziei într-o manieră diferită. Poezia poate fi văzută ca o confesiune a eului liric prins în ghearele iubirii, dar și ca o prezentare a crezului poetului și a părerilor sale despre artă.

Incipitul subliniază puterea sentimentului care năvălește asupra eului, cu ajutorul metaforei care sugerează efemeritatea: „Dintr-o frunză verde, pală/ Pasul tău de domnișoară". Versul „Pasul tău de domnișoară" devine refrenul poeziei prin repetarea lui de patru ori în primele două strofe, sugerând sentimentul de iubire trecător. Seria de imagini statice sugerează tocmai monotonia, nesiguranța înfiripării sentimentului, dar evocă și meditația asupra trecerii timpului: „Inima încet mi-afundă", „stau întins și lung", „Pasul trece eu rămân".

De asemenea, contradicția din cadrul epitetului „frunză verde, pală" reprezintă un oximoron, acesta aducând în lumină ideea trecerii timpului, dar și ideea că iubirea este efemeră și își schimbă forma la fel cum o frunză își schimbă culoarea. Viziunea neomodernistă a lui Stănescu provoacă cititorul la descifrarea limbajului său metaforic și aparent ambiguu, jucându-se mereu cu orizontul de așteptare al celui care devine martorul transformării iubirii. Caracterul confesiv și implicarea afectivă a eului liric sunt elemente specifice lirismului subiectiv și, totodată, neomodernismului.

În ultimele două strofe se accentuează ideea transformării prin iubire, eul liric pierzând orice legătură cu rațiunea. Putem observa faptul că sufletul poetului este împovărat, ajuns în stadiul de implorare a iubirii, lucru care sugerează melancolie: „Mai rămâi cu mersul tău". Așadar, iubirea nu subordonează doar ființa îndrăgostită, ci și întregul univers: „Parcă pe timpanul meu/ Blestemat și semizeu". Ideea că îndrăgostitul s-a lăsat pradă sentimentelor, simțurilor, iar simbolurile rațiunii i-au devenit străine, este sugerată în versul: „Căci îmi este foarte rău". Universul se naște din nou pentru eul îndrăgostit, procesul fiind provocat de inactivitatea iubitei: „Stau întins și lung și zic/ Domnișoara mai nimic".

Finalul marchează existența unei relații de simetrie în raport cu incipitul prin reluarea imaginii pasului, devenită un adevărat laitmotiv al poemului: „Pasul trece eu rămân". Laitmotivul simbolizează, în mod concluziv, speranța pe care această lume, aflată sub tutela iubirii, o inspiră, dar și ideea că singura metodă de fixare în memorie a poveștii de iubire este ca poetul să rămână neclintit în trecerea sa.

Elementele de versificație (rimă, ritm, măsură)

Putem spune că viziunea despre lume a lui Stănescu poate fi analizată nu doar apelând la semnificațiile ascunse în cuvinte, ci și observând textul poetic la nivel formal. Revolta, tendința de a inova, de a sparge tiparele, de a ambiguiza sunt vizibile prin nerespectarea normelor prozodiei clasice.

Poetul sfidează nu doar firescul semnificațiilor, ci și pe cel al formei, alegând pentru textul său ceea ce e neobișnuit. Astfel, Stănescu, în aceeași manieră neomodernistă, utilizează ritmul combinat și versul liber, precum și o muzicalitate aparte, folclorică, generată de utilizarea rimei împerecheate. Toate aceste elemente subliniază caracterul confesiv al textului și facilitează transmiterea mesajului și a emoției.

Încadrarea în neomodernism

Poezia „În dulcele stil clasic" aparține neomodernismului și este ea însăși o metaforă a iubirii, sentiment care guvernează lumea stănesciană încă din prima etapă a creației și care e analizat și în acest text liric, de la instalarea sa bruscă până la dispariția sa. Mai mult, această poezie este o oglindire a viziunii stănesciene despre lume, ea având drept coordonate esențiale principiile liricii neomoderniste. Entuziasmul, energia, starea de încântare, profunzimea sentimentelor sunt cuvinte-cheie ale poeziei stănesciene și ale viziunii poetului în raport cu lumea.

Concluzia

Tema, titlul, secvențele poetice, relația de simetrie între incipit și final, aspectele prozodice, dar și prezența laitmotivului sunt principalele elemente de compoziție ale textului poetic analizat, ele susținând prin semnificațiile lor apartenența poeziei la neomodernism. Poezia rămâne o „lirică galantă – sinteză între elegantul stil trubaduresc și lamentațiile amoroase din timpul lui Ienăchiță Văcărescu, supusă de Nichita Stănescu unui tratament de regenerare – caricaturizare" (Al. Ștefănescu).

ÎMI VA FI TEAMĂ
SĂ O STRÂNG
PREA TARE ÎN BRAȚE,
CA SĂ NU-MI TREACĂ
MÂINILE PRIN EA
CA PRIN CER.

Nichita Stănescu

CÂNTEC FĂRĂ RĂSPUNS?

De ce te-oi fi iubind, femeie visătoare,
care mi te-ncolăceşti ca un fum, ca o viţă-de-vie
în jurul pieptului, în jurul tâmplelor,
mereu fragedă, mereu unduitoare?

De ce te-oi fi iubind, femeie gingaşă
ca firul de iarbă ce taie în două
luna văratecă, azvârlind-o în ape,
despărţită de ea însăşi
ca doi îndrăgostiţi după îmbrăţişare?...

De ce te-oi fi iubind, ochi melancolic,
soare căprui răsărindu-mi peste umăr,
trăgând după el un cer de miresme
cu nouri subţiri fără umbră?

De ce te-oi fi iubind, oră de neuitat,
care-n loc de sunete
goneşte-n jurul inimii mele
o herghelie de mânji cu coame rebele?

De ce te-oi fi iubind atâta, iubire,
vârtej de-anotimpuri colorând un cer
(totdeauna altul, totdeauna aproape)
ca o frunză căzând. Ca o răsuflare-aburită de ger.

DE DOR DE TINE
SIMT CUM CRAPĂ
INIMA MUNȚILOR
ÎN VULCANI.

Nichita Stănescu

ALTĂ MATEMATICĂ

Noi știm că unu ori unu fac unu,
dar un inorog ori o pară
nu știm cât face.
Știm că cinci fără patru fac unu,
dar un nor fără o corabie
nu știm cât face.
Știm, noi știm că opt
împărțit la opt fac unu,
dar un munte împărțit la o capră
nu știm cât face.
Știm că unu plus unu fac doi,
dar eu și cu tine,
nu știm, vai, nu știm cât facem.

Ah, dar o plapumă
înmulțită cu un iepure
face o roșcovană, desigur,
o varză împărțită la un steag
face un porc,
un cal fără un tramvai
face un înger,
o conopidă plus un ou,
face un astragal...

Numai tu și cu mine
înmulțiți și împărțiți
adunați și scăzuți
rămânem aceiași...

Pieri din mintea mea!
Revino-mi în inimă!

Comentariu literar

„Altă matematică" este o poezie publicată de Nichita Stănescu în anul 1972, perioadă de început a neomodernismului literar românesc. Poezia deschide volumul „Măreția frigului", abordând teme precum perceperea adevărului prin rațiune sau prin emoții, și iubirea nu doar ca sentiment, ci ca mod de cunoaștere a lumii. Poezia cuprinde mostre reprezentative pentru discursul liric neomodernist a cărui inovație stă în asocierile neobișnuite de cuvinte, expresiile ermetice și imaginile abstracte.

Tema

Tema principală a poeziei „Altă matematică" este prezentarea viziunii despre artă și creație a poetului Nichita Stănescu. Întocmai precum va face în poeziile sale de mai târziu, și aici eul liric își asumă rolul de „pedagog" și predă o lecție scurtă despre matematică și raportul dintre rațiune și absurd. Fiind o poezie a noului curent neomodernist, viziunea despre cunoaștere și iubire a autorului este reprezentativă pentru întregul curent. Arta neomodernistă nu mai îndeplinește un rol propagandistic, nu mai este supusă ideologiei comuniste. Singurul ei stăpân este artistul/poetul însuși, iar singura obligație a acestuia este aceea de a crea conform unui crez propriu, și nu conform dorințelor publicului sau ale politicului. Acum artistul își asumă și rolul de „pedagog" care transmite mai departe cunoștințele sale despre modurile în care putem percepe lumea și experimenta viața, construind o „altă matematică".

În timp ce se pune mult accent pe iubire, ca temă principală a multor poezii stănesciene, în „Altă matematică" autorul introduce, pe lângă subiectul iubirii, și problema cunoașterii adevărului. Așadar, deși rațiunea, matematica pretinde că este singura cale avizată de a cunoaște adevărul, în mod jucăuș, ludic, eul liric explorează și abilitatea omului de a cunoaște prin renunțarea la „calea dreaptă" a rațiunii și alegerea căii mai unduite a absurdului. Oscilarea permanentă între cele două este însă depășită de statornicia iubirii. Astfel, iubirea nu este doar un sentiment, o stare, ci devine un mod prin care adevărul poate fi privit, cunoscut.

Semnificația titlului

Titlul poeziei „Altă matematică" este foarte încărcat de simbolistică, în mod caracteristic neomodernismului, de altfel. Folosirea adjectivului nehotărât „altă", ce însoțește substantivul „matematică", denotă intenția autorului de a prezenta în poezie un mod diferit, nou, prin care putem explica, înțelege și privi lumea. „Matematica" este o metaforă pentru reprezentarea abstractă a realității, a adevărului, după principii logice. Astfel, titlul anunță lansarea de către autor a unui nou mod de înțelegere a realității, a adevărului, bazat pe alte principii.

Fiind un autor neomodernist, Nichita Stănescu nu se dă înapoi de la a propune forme noi de reprezentare lirică a lumii înconjurătoare și a experienței umane. De aceea, tot din titlu deducem și rolul didactic ce îi revine poetului, care, urmând schema simplă a celor patru operații matematice, adunarea, scăderea, înmulțirea și împărțirea, dezbate monologic ce moduri de a cunoaște adevărul sunt preferabile: rațiunea sau joaca, absurdul.

Interpretarea strofelor

Poezia este structurată în patru strofe în care eul liric discută despre problema cunoașterii adevărului prin rațiune, joacă sau iubire. Fiecare strofă conține o fază: 1) prezentarea limitelor cunoașterii raționale; 2) ieșirea totală din sfera rațiunii și explorarea potențialului pe care îl au fantezia și absurdul; 3) abordarea subiectului iubirii din cuplu și a integrității sale; 4) alegerea emoțiilor (ca mod de a experimenta iubirea) și respingerea rațiunii.

În prima strofă a poeziei, eul liric se folosește de cele patru operații matematice: adunarea, scăderea, înmulțirea și împărțirea, pentru a ilustra potențialul și limitele cunoașterii raționale, logice. Aceste operații sunt mutate într-un plan ludic în care funcționalitatea lor este pusă la încercare: „Noi știm că unu ori unu fac unu,/ dar un inorog ori o pară/ nu știm cât face." Există, așadar, fenomene și relații ale obiectelor ce nu pot fi cunoscute prin rațiune. Această limitare a matematicii este subliniată de șirul lung de obiecte alese parcă la întâmplare, în joacă, obiecte ce nu pot fi adunate și scăzute după legile fixe ale logicii: „inorog", „nor", „corabie", „munte", „capră", „plapumă", „astragal" etc.

Finalul primei strofe duce cititorul în zona emoțiilor, eul liric adresându-i-se direct iubitei sale: „Știm că unu plus unu fac doi,/ dar eu și cu tine,/ nu știm, vai, nu știm cât facem". Este clar aici că nu matematica este cea care are toate răspunsurile.

A doua strofă mută discuția în planul fanteziei, în care operațiile matematice trec dincolo de rațiune și reprezintă lumea jucăuș, prin tot felul de asocieri neobișnuite de cuvinte: „Ah, dar o plapumă/ înmulțită cu un iepure/ face o roșcovană, desigur", „un cal fără un tramvai/ face un înger". Aici eul liric pare să găsească o certitudine care îi lipsește în prima strofă, atitudine ce reiese din folosirea cuvântului „desigur".

În cea de-a treia strofă a poeziei discuția este adusă în plan personal: „Numai tu și cu mine/ înmulțiți și împărțiți/ adunați și scăzuți/ rămânem aceiași..." Concluzia eului liric este că iubirea rămâne aceeași, indiferent dacă e privită prin ochii rațiunii, ai matematicii sau cei ai emoțiilor, ai absurdului. Cuplul, integritatea sa, identitatea celor doi și sentimentele dintre ei rămân la fel. Această strofă leagă întreaga poezie și plasează iubirea mai presus de rațiune, de logică. Ea poate fi percepută pur și simplu prin emoții, nu trebuie explicată matematic, rațional.

Ajungem astfel la ultima strofă a poeziei, cea de-a patra, în care eul își încheie exercițiul „dialogului adevărurilor". Concluzia sa este aceea că iubirea își are locul în inimă, în planul emoțiilor, și nu poate fi cunoscută pe deplin doar prin rațiune, matematică. De aceea el îi spune iubitei sale: „Pieri din mintea mea!/ Revino-mi în inimă!" Verbele la imperativ denotă o atitudine hotărâtă, iar contrastul dintre cele două versuri pune cititorul ușor în cumpănă, în stil neomodernist. De asemenea, utilizarea verbului „revino” indică faptul că iubirea a mai fost în „inimă”, dar apoi, dintr-un motiv nemenționat de eul liric, a trecut în planul minții.

Figurile de stil

Fiind o poezie neomodernistă, figurile de stil prezente în lucrare oferă atât informații despre mesajul poeziei, cât și despre specificul curentului literar. Autorul inserează, așadar, o serie de asociații semantice surprinzătoare, ermetice: „un inorog ori o pară”, „o conopidă plus un ou,/ face un astragal...”, „o varză împărțită la un steag” etc. Primele două strofe ale poeziei abundă în asemenea alăturări neașteptate de cuvinte ce alimentează ludicul poeziei.

Un alt artificiu estetic este repetarea perechii „știm/nu știm” din prima strofă, producând o relație de simetrie pe care este construită întreaga poezie. Prin această recurență a verbelor „știm/nu știm” sunt scoase în evidență limitele cunoașterii matematice, cititorul fiind condus treptat spre ultimele trei versuri ale primei strofe ce ridică prima dată subiectul central al preocupărilor eului liric – iubirea. În mod similar, a doua strofă prezintă repetarea verbului „a face”, cu sensul de „rezultă”, de „egal” întâlnit la finalul tuturor operațiilor matematice. Utilizarea repetată a acestui verb indică fertilitatea fanteziei, care, în ciuda asocierilor ciudate, produce rezultate.

Ingambamentul se numără și el printre figurile de stil preferate de autorii neomoderniști, scopul său fiind cel de a scoate în evidență anumite cuvinte și idei: „dar un inorog ori o pară/ nu știm cât face", „Știm, noi știm că opt/ împărțit la opt fac unu". Întreaga poezie este structurată în această manieră oarecum sacadată, întreruptă, cititorul fiind ținut mereu în alertă.

Poezia neomodernistă

Poezia „Altă matematică" a fost publicată în anul 1972, perioadă de maturizare a curentului literar neomodernist. Această poezie poartă însemne ale neomodernismului, printre care se numără temele filozofice abordate și limbajul liric adoptat de autor.

Una dintre trăsăturile fundamentale ale neomodernismului românesc este rezistența la presiunile ideologice făcute de regimul comunist. Nichita Stănescu nu face niciun compromis în ceea ce privește subiectele abordate în poeziile sale, alegând să își mute focalizarea într-o zonă mai degrabă metafizică, abstractă, decât prozaică, aservită ideilor socialiste. Așadar, Nichita se întoarce spre temele clasice, specifice perioadei interbelice, însă le tratează într-un mod nou, adoptând un discurs liric inovator, foarte diferit de cel al predecesorilor săi. Temele acestei poezii sunt iubirea și cunoașterea, fiind urmărite filtrele prin care omul poate cunoaște lumea înconjurătoare, prin care percepe iubirea, relația de cuplu, dar și pe sine însuși. Reprezentarea unor meditații grave, profunde, din zona intelectului, este specifică neomodernismului.

În concluzie, poezia „Altă matematică" poate fi încadrată în curentul literar neomodernist, datorită tuturor elementelor specifice acestuia pe care le conține. Limbajul simplu, expresiile ermetice, surprinzătoare, imaginile artistice inedite, toate exprimă libertatea creativă pe care o aduce cu sine neomodernismul, libertate al cărui propovăduitor de seamă a fost Nichita Stănescu.

Elementele de versificație

„Altă matematică" este o poezie alcătuită din patru strofe de diferite lungimi, fiecare încapsulând propria sa temă. Prima strofă are 13 versuri, a doua are nouă, a treia are patru, iar cea de-a patra are două versuri. Repetițiile și enumerațiile folosite de autor dau totuși un ritm interior poeziei. Măsura versurilor variază între 3-11 silabe.

Concluzia

Poezia „Altă matematică" este o operă reprezentativă atât pentru Nichita Stănescu în particular, cât și pentru întregul curent literar neomodernist în care se încadrează. Limbajul liric inovator și originalitatea versurilor o marchează ca fiind o poezie stănesciană memorabilă. Întreaga operă a lui Nichita Stănescu joacă un rol foarte important în literatura românească, Eugen Barbu susținând generos că „peisajul nostru liric ar fi lipsit de unitate fără poezia lui Nichita Stănescu", o poezie ce „rezistă vremii".

TOT CE-AM TRĂIT
ÎN ZADAR S-A FĂCUT ZID,
TOT CE-AM ÎNȚELES
S-A FĂCUT FEREASTRĂ.

Nichita Stănescu

CÂNTEC DE DRAGOSTE LA MARGINEA MĂRII

Cu gleznele julite, eu te pândesc când treci
printre rocile țărmului, reci.
Marea se va preface-n păsări străvezii,
câte le-ncap ochii deschiși spre ea,
și vor zbura fâlfâind, când ai să vii,
până-n piscul văzduhului cu o stea.

Vor rămâne prăpăstiile și peșterile goale,
peștii vor plesni aerul prăbușit cu cozile,
stârnind mărgeanele domoale
și corzile.

Uite, epava corăbiii lui Simbad marinarul
cu un colț se sprijină-n scoicile cenușii,
cu un vârf înjunghie-n mijloc cleștarul,
peste toate punțile aleargă raci vii.

Îți dăruiesc o stea de mare, un crab și un delfin!
Adu-i în spinare până la nisipuri.
Mă voi preface orb și am să vin
cu brațul întins, să-ți mângâi chipul.

ADEVĂRATA TĂCERE ESTE
SĂ ASCULȚI SUFLETUL TĂU
ÎNDRĂGOSTIT DE ALTCINEVA
DECÂT DE TINE ÎNSUȚI.

Nichita Stănescu

LA-NCEPUTUL SERILOR

Liniștea te-nsoțea pretutindeni, ca o suită.
Dacă ridicai o mână, se făcea în arbori tăcere.
Când mă priveai în ochi, împietrea o clipită
din a timpului curgătoare putere.

Simțeam că pot adormi, visând stele locuite.
Și, numai dacă m-ar fi atins umbra ta foșnitoare,
aș fi putut împinge nopțile-ncremenite
ca pe-o elice-naintând, spre soare.

Și numai sentimentul acesta îmi da fericire,
numai gândul că sunt și că ești.
Sprijineam pe țârâitul greerilor coviltire,
sub care beam azurul decantat în cești.

Și când sfârșeam cuvintele, inventam altele,
când se-nsera cerul, inventam ceruri albastre,
și când orele se-nverzeau ca smaraldele,
ne bronzam la lumina dragostei noastre.

...Dar tot timpul suna ceva... ceva răsuna,
un cântec de iarbă cosită, de taciturne mări,
în care inima de-atunci își revărsa
meandrele pierdutelor candori.

Comentariu literar

Poezia „La-nceputul serilor” a apărut în volumul „O viziune a sentimentelor”, publicat în anul 1964, distins cu Premiul „Uniunii Scriitorilor”.

Tema poeziei

În cadrul volumului „O viziune a sentimentelor”, iubirea este o temă predominată, prezentată în mai multe ipostaze. În poezia „La-nceputul serilor” tema iubirii se îmbină cu tema naturii, cele două se întrepătrund în text, eul liric fiind surprins în ipostaza îndrăgostitului care evocă cu nostalgie clipele de fericire petrecute alături de iubită.

Semnificația titlului

Cu ajutorul titlului, poetul introduce cititorul în universul textului, anunțând pe această cale momentul în care gândurile și sentimentele sale ies la iveală. Nichita Stănescu alege seara drept un moment propice contemplării, titlul „La-nceputul serilor” anunțând cadrul în care nostalgia clipelor frumoase își face apariția.

Interpretarea versurilor

În prima strofă, eul liric se adresează iubitei, rememorând clipe din trecut, surprinzând în versuri puterea pe care ființa iubită o avea, transformând totul în jur: „Dacă ridicai o mână, se făcea în arbori tăcere./ Când mă priveai în ochi, împietrea o clipită". Prezența iubitei creează o lume nouă, în care totul este posibil, dând putere. Acest sentiment înălțător, iubirea, creează un univers lăuntric eului liric, aspect surprins în cea de-a doua strofă: „dacă m-ar fi atins umbra ta foșnitoare,/ aș fi putut împinge nopțile-ncremenite/ ca pe-o elice-naintând, spre soare". Primele două strofe aduc un omagiu sentimentului de iubire, eul liric mărturisindu-și în mod direct sentimentele și trăirile, folosind verbe și pronume la persoana I.

Strofa a treia sintetizează un mesaj plin de semnificații, mai ales prin versurile „numai sentimentul acesta îmi da fericire,/ numai gândul că sunt și că ești". Comuniunea cu natura este prezentă în această strofă, „țârâitul greierilor" fiind cel care acompania eul liric în momentul în care, plin de extaz, „beam azurul decantat în cești". Această metaforă, specifică limbajului lui Nichita Stănescu, arată felul în care fericirea este simțită, privită și trăită. O altă modalitate de expresie a limbajului se poate observa în următoarea strofă, unde totul capătă conotații noi: „Și când sfârșeam cuvintele, inventam altele/ Și când se-nsera cerul, inventam ceruri albastre", totul fiind atât de frumos încât cei doi îndrăgostiți se bronzau „la lumina dragostei noastre". Însă, toate aceste momente de fericire s-au scurs, ultima strofă marcând finalul aducerilor aminte, un final încărcat de nostalgia clipelor trecute, căci „inima de-atunci își revărsa/ meandrele pierdutelor candori".

Neomodernismul

Nichita Stănescu este unul dintre promotorii neomodernismului, poezia sa remarcându-se prin limbajul folosit și prin temele abordate (iubirea, natura, universul, creația, omul). Frazele nu mai au o construcție clasică, autorul recurgând la construcții interesante, prin care cuvintele își modifică sensul de bază în schimbul sensului conotativ. O altă trăsătură neomodernistă întâlnită în această poezie este felul în care sunt așezate versurile.

Figurile de stil

Textul este unul în care limbajul artistic este încărcat de semnificații, în care cuvintele sunt folosite cu sens conotativ, iar figurile de stil, alături de imaginile artistice, joacă un rol important. În versuri se remarcă folosirea verbelor la modul imperfect și a comparațiilor: „liniștea ca o suită", „orele se-nverzeau ca smaraldele", „nopțile-ncremenite ca pe o alice". Cu ajutorul imaginilor vizuale, se creează un cadru intim, feeric: „nopțile-ncremenite", „ceruri albastre", „iarba cosită". Metaforele joacă un rol important, cu ajutorul lor sintetizându-se tema poeziei, iubirea: „visând stele locuite", „azurul decantat în cești", „lumina dragostei noastre", „meandrele pierdutelor candori."

Mărcile eului liric

Eul liric este surprins în ipostaza îndrăgostitului ce își aduce aminte cu nostalgie de o poveste de dragoste, invocând prezența iubitei care transforma totul în jur. El își mărturisește în mod direct gândurile și sentimentele: „mă priveai", „simțeam că pot adormi", „aș fi putut", „sfârșeam", „inventam", „ne bronzam", „lumina dragostei noastre".

Elementele de prozodie

Elementele de prozodie oferă o muzicalitate aparte textului, poezia „La-nceputul serilor" fiind dispusă în cinci strofe de tip catren, în care majusculele alternează cu minusculele, cu rimă încrucișată. Libertatea de exprimare specifică neomoderniștilor se remarcă la nivel structural și de limbaj prin ambiguitate și sugestie, acestea fiind două trăsături întâlnite în poezia „La-nceputul serilor".

IARTĂ-MĂ ȘI AJUTĂ-MĂ
ȘI SPALĂ-MI INIMA ȘI TOARNĂ-MI
ABURUL SUFLETULUI,
PRINTRE DEGETELE TALE.

Nichita Stănescu

LECȚIA DE ZBOR

Mai întâi îți strângi umerii,
mai apoi te înalți pe vârful picioarelor,
închizi ochii
refuzi auzul.
Îți spui în sine:
acum voi zbura.
Apoi zici:
Zbor.
Și acesta e zborul.
Îți strângi umerii
cum se strâng râurile într-un singur fluviu.
Îți închizi ochii
cum închid norii câmpia.
Te-nalți pe vârful picioarelor
cum se înalță piramida pe nisip.
Refuzi auzul
auzul unui singur secol,
și-apoi îți spui în sinea ta:
acum voi zbura
de la naștere spre moarte.

După aceea zici:
Zbor.
Și acesta e timpul.
Îți strângi râurile
cum strângi umerii
te înalți pe behăitul caprelor.
Zici: Nevermore.
Și apoi:
fâlf
dai din aripilie altcuiva;
și apoi
ești el,
iar el
este pururi altcineva.

AI VĂZUT MIREASA MEA
IAR A MAI CĂZUT O STEA.

Nichita Stănescu

ÎMBRĂŢIŞAREA

Când ne-am zărit, aerul dintre noi
şi-a aruncat dintr-o dată
imaginea copacilor, indiferenţi şi goi,
pe care-o lasă să-l străbată.

Oh, ne-am zvârlit, strigându-ne pe nume,
unul spre celălalt, şi-atât de iute,
că timpul se turti-ntre piepturile noastre,
şi ora, lovită, se sparse-n minute.

Aş fi vrut să te păstrez în braţe
aşa cum ţin trupul copilăriei, întrecut,
cu morţile-i nerepetate.
Şi să te-mbrăţişez cu coastele-aş fi vrut.

CUM SĂ TE POȚI
LĂSA DE POEZIE
DACĂ AI ÎNȚELES-O
MĂCAR O SINGURĂ DATĂ?

Nichita Stănescu

ZARUL

Eu te văd pentru că există vedere,
te aud pentru că există cântec,
te miros pentru că există flori,
te îmbrăţişez pentru că există braţe,
te merg pentru că există drumuri,
te sper pentru că există îngeri,
te răsar pentru că există lumină,
te mângâi pentru că există câmpuri,
te mănânc pentru că există iarbă,
te dor pentru că există rănire,
te chem pentru că ai un nume,
și mai ales te pierd, ah, te pierd
pentru că există pierdere.

MI-E ATÂT DE DOR
DE EA CĂ SIMT CUM MI
SE RĂSUCEȘTE CAPUL
SPRE TRECUT.

Nichita Stănescu

POEM

Tu plutești ca un vis de noapte
deasupra sufletului meu.
Îți sprijini tâmpla
de inima mea, ca de o piatră roșie,
și aștepți să-ți spun numele
tuturor lucrurilor
pe care eu am isprăvit de mult
să ți le mai spun.
Gura mea e-n tăcerea cea mai desăvârșită,
înclinată ca mătasea unui steag
într-o zi fără vânt.
O, nu pleca nicăieri!
Îmi voi rupe inima cu un singur gest
al mâinii,
ca să răsară durerea care știe
numele durerii,
ca să răsară dragostea mea de bărbat
care știe numele tău ciudat, de femeie.

VINO CÂND NU MERGE NIMENI,
CÂND NU AVEM PICIOARE, VINO
DAR MAI ALES CÂND VOI FI ORB,
LUMINO.

Nichita Stănescu

GENEZA

Ne opream în fața fiecărei luciri,
atingându-ne tâmplele.
Și cum te țineam cu brațul, lângă inimă,
coama ta inelată-mi îmbrăca umărul
cu o mantie foșnitoare.

Ne priveam unul pe celălalt, deodată,
ca pe-o hartă a lumii.
Râdeam de-nfățișarea noastră, de faptul
că am două mâini.
Le-ntindeam în aer, și tu
credeai că sunt două spițe de roată,
în timp ce gândurile ni se fugăreau
pe o aeriană câmpie.
Se chemau, se sărutau
pe o aeriană câmpie.

Uite, strigai, pe-aceste frunți omenești
se sprijină lumea ideilor,
așa cum odinioară pământul se sprijinea
pe spinările elefanților indici!

CE NENOROCIRE SĂ FIM DOI.

Nichita Stănescu

VÂRSTA DE AUR A DRAGOSTEI

Mâinile mele sunt îndrăgostite,
vai, gura mea iubește,
și iată, m-am trezit
că lucrurile sunt atât de aproape de mine,
încât abia pot merge printre ele
fără să mă rănesc.

E un sentiment dulce acesta,
de trezire, de visare,
și iată-mă, fără să dorm,
aievea văd zeii de fildeș,
îi iau în mână și
îi înșurubez râzând, în lună,
ca pe niște mânere sculptate,
cum trebuie că erau pe vremuri,
împodobite, roțile de cârmă ale corăbiilor.

Jupiter e galben, și Hera
cea minunată e argintie.
Izbesc cu stânga-n roată și ea se urnește.
E un dans, iubito, al sentimentelor,
zeițe-ale aerului, dintre noi doi.
Și eu, cu pânzele sufletului
umflate de dor,
te caut pretutindeni, și lucrurile vin
tot mai aproape,
și pieptul mi-l strâng și mă dor.

Comentariu literar

Poezia „Vârsta de aur a dragostei” a fost publicată în volumul „O viziune a sentimentelor”. Textul este conceput în forma unei confesiuni a eului liric îndrăgostit și aduce un elogiu acestui sentiment înălțător.

Semnificația titlului

Amintind de Arcadia mitologiei grecești, titlul „Vârsta de aur a dragostei” face referire la mult așteptatul moment al împlinirii emoționale, al desăvârșirii dragostei. Această clipă cuprinde realizarea înțelegerii și a armoniei depline, asemeni unei „vârste de aur” în timpul căreia toate ființele și elementele care le înconjoară se reconciliază unele cu celelalte.

Tema operei

Opera de față are drept temă principală dragostea, în forma ei brută, necizelată, puternică, având capacitatea de a acapara complet ființa cuprinsă de acest sentiment. Așa cum se petrece de obicei în poeziile stănesciene, dragostea este o forță a naturii, imposibil de oprit, neiertătoare și copleșitoare.

Interpretarea versurilor

Poezia „Vârsta de aur a dragostei” este alcătuită din trei strofe, cărora le corespund trei secvențe poetice.

Prima strofă descrie iubirea la nivel senzorial („Mâinile mele sunt îndrăgostite,/ vai, gura mea iubește"), aceasta fiind resimțită foarte puternic de către eul liric. Sub influența puternică a dragostei, acesta nu poate decât să se lase copleșit de această forță imposibil de temperat: „și iată, m-am trezit/ că lucrurile sunt atât de aproape de mine,/ încât abia pot merge printre ele/ fără să mă rănesc".

Strofa a doua reprezintă o celebrare a capacității iubirii de a se transpune într-un plan al idealului, ea fiind singura emoție care poate să apropie oamenii de un asemenea țel înalt, necaracteristic ființelor umane. Din această cauză apare imaginea, aparent abstractă, a unor figuri divine („aievia văd zeii de fildeș"), fildeșul simbolizând puritatea absolută. Acești zei pot fi, însă, atinși, „luați în mână", semn că dragostea este singura care poate anula caracterul intangibil al acestui vis („îi iau în mână și/ îi înșurubez râzând, în lună").

Ultima strofă prezintă iubirea ca „dans al sentimentelor", vegheată de Hera, luminoasă, argintie, simbol al căsniciei, și de Jupiter, imagine a puterii, a măreției, galben, asemeni Soarelui („Jupiter e galben, și Hera/ cea minunată e argintie"). Sufletul eului liric se află într-o căutare veșnică a acestui sentiment provenit, parcă, dintr-o altă dimensiune, dintr-o altă lume, necunoscută și neaccesibilă muritorilor („Și eu, cu pânzele sufletului/ umflate de dor,/ te caut pretutindeni [...]").

Elementele de prozodie

Prozodia este caracterizată de lipsa uniformității, o caracteristică adesea întâlnită în lirica stănesciană. Măsura este variabilă, versurile având între șase și optsprezece silabe. Rima este inexistentă, versurile fiind albe.

Figurile de stil

Limbajul utilizat de Nichita Stănescu în versurile poeziei „Vârsta de aur a dragostei" conferă o expresivitate deosebită lucrării de față. Această expresivitate se manifestă cu ajutorul imaginilor artistice, dar și a figurilor de stil. Astfel, poezia este un text expresiv datorită imaginilor create, figurilor de stil și limbajului specific lui Stănescu, unde ambiguitatea domină, stimulând imaginația cititorului la nivel lingvistic. Trăirile interioare ale eului liric sunt declanșate de asocierea unor semnificații ale cuvintelor folosite cu sens conotativ.

Limbajul poetic al lui Stănescu este tipic neomodernismului. Astfel, metaforele predomină în poezie: „zeii de fildeș" ca simboluri ale purității, ale posibilității atingerii absolutului prin bucuria iubirii, sau „pânzele sufletului", aflat într-o căutare veșnică a dragostei, prin ființa iubită. În text apar și alte figuri de stil, precum epitetele („un sentiment dulce", „mânere sculptate", „Hera cea minunată") și comparațiile („îi înșurubez râzând, în lună,/ ca pe niște mânere sculptate").

Concluzia

Poezia „Vârsta de aur a dragostei" reprezintă un elogiu adresat iubirii. Pentru Stănescu, iubirea este singurul sentiment capabil să apropie planul terestru al muritorilor de cel divin, ce cuprinde idealurile aparent intangibile.

NU CUM SUNT EU SUNT EU
CI CUM EȘTI TU SUNT EU.
UN FEL DE TU SUNT EU
PE CARE NU L-AI MAI LĂSAT
SĂ FIE EU.

Nichita Stănescu

CONTEMPLARE

Precis că mă-nălţasem
precis că mă lăţisem
de îmi păreai suava
visându-mă în vise.

Ce tandră dungă lungă
aşterne mâna ta
împăturind cuvântul
rostit altundeva.

Ce mică şi subţire
poţi tu ca să îmi fii
pe multa de mulţime
a creierului gri.

Al ochiului meu iris
şi strâns între pleoape
ca tot ce mă alungă
ţinându-mă aproape.

Tu ai mai fost odată!
Precis că ai mai fost!
... prea ştiu ce nu se-ntâmplă
cu totul pe de rost!

NUMAI TU ȘI CU MINE
ÎNMULȚIȚI ȘI ÎMPĂRȚIȚI
ADUNAȚI ȘI SCĂZUȚI
RĂMÂNEM ACEIAȘI.

Nichita Stănescu

HIEROGLIFA

Ce singurătate
să nu înţelegi înţelesul
atunci când există înţeles.

Şi ce singurătate
să fii orb pe lumina zilei,-
şi surd, ce singurătate
în toiul cântecului.

Dar să nu-nţelegi
când nu există înţeles
şi să fii orb la miezul nopţii
şi surd când liniştea-i desăvârşită,-
o, singurătate a singurătăţii!

A VENIT TOAMNA,
ACOPERĂ-MI INIMA CU CEVA,
CU UMBRA UNUI COPAC SAU MAI
BINE CU UMBRA TA.

Nichita Stănescu

EMOȚIE DE TOAMNĂ

A venit toamna, acoperă-mi inima cu ceva,
cu umbra unui copac sau mai bine cu umbra ta.

Mă tem că n-am să te mai văd, uneori,
că or să-mi crească aripi ascuțite până la nori,
că ai să te ascunzi într-un ochi străin,
și el o să se-nchidă cu-o frunză de pelin.

Și-atunci mă apropii de pietre și tac,
iau cuvintele și le-nec în mare.
Șuier luna și o răsar și o prefac
într-o dragoste mare.

Comentariu literar

Poezia neomodernistă „Emoție de toamnă” a fost publicată pentru prima dată în anul 1964, în volumul „O viziune a sentimentelor”. Viziunea inedită asupra cuvântului, regăsită adesea în opera lui Stănescu, se reflectă și în această poezie, alături de limbajul abstract, aparent simplu, dar profund metaforic.

Semnificația titlului

Titlul poeziei este alcătuit din trei cuvinte și are sens profund metaforic. Primul cuvânt stabilește subiectul operei, și anume, sentimentele eului liric. Apoi, cititorul află tipul sentimentelor exprimate, ceea ce se lămurește prin prezența cuvântului „toamnă”, utilizat sub formă de metaforă. Așadar, Stănescu nu se referă la anotimp, ci la degradarea, „ofilirea” unei iubiri care se sfârșește.

Tema poeziei

Tema poeziei este starea de amărăciune a eului liric, provocată de o dragoste aflată în pragul destrămării. La această temă se adaugă cea a trecerii timpului, întrucât aceasta are o însemnătate deosebită pentru felul în care au evoluat sentimentele eului liric. Nostalgia survine în urma realizării diferenței dintre ceea ce era odată iubirea sa și stadiul său curent, asemănat cu toamna ce contrastează puternic cu strălucirea și luminozitatea verii. Desigur, iubirea poate fi înțeleasă deopotrivă sub forma iubirii telurice pentru o altă persoană, sau sub forma iubirii pentru poezie, opera devenind astfel o veritabilă artă poetică.

Interpretarea textului

Poezia este structurată în două părți, fiecăreia corespunzându-i câte una din cele două strofe ce compun textul. Aceste două secvențe nu sunt delimitate întâmplător, ci se referă la aspecte diferite ale aceluiași sentiment („emoția" concretizată în nostalgie și tristețe). În vreme ce prima parte se referă la aspectele telurice ale iubirii, cea de-a doua parte se concentrează pe uniunea dintre planul terestru și cel cosmic. Dragostea atinge un nivel superior, ea definindu-se drept iubire pentru poezie, și implicit, pentru artă.

Textul se deschide cu un prolog („A venit toamna, acoperă-mi inima cu ceva,/ cu umbra unui copac sau mai bine cu umbra ta") format din două versuri. Acesta este menit să introducă cititorul în atmosfera mohorâtă, stinsă, unde poetul se evidențiază luptând pentru exuberanța și intensitatea de odinioară. Exteriorizarea stării de deprimare este îndeosebi provocată de iubirea ce se stinge. Această idee este exprimată prin utilizarea verbelor sugestive, precum „a venit" (verb la perfect compus ce sugerează o iubire trecută). Copleșit de inevitabilitatea aparentă a stării depresive, eul liric cere să-i fie protejat sufletul printr-un verb la imperativ („acoperă-mi inima cu ceva").

Prima strofă cuprinde temerile poetului, aflat în postura eului liric. Regăsindu-se în această situație fără scăpare, eul liric imaginează diverse scenarii în ceea ce privește finalitatea acestei stări, de fapt. El comunică imaginar iubitei aceste scenarii, cum ar fi posibilitatea de a fi cuprins de teamă („Mă tem că n-am să te mai văd, uneori"), ori probabilitatea împăcării, metaforizată prin ideea de zbor („or să-mi crească aripi").

În cea de-a doua strofă, eul liric împrumută din durerea lui întregului univers. Trăirile sale nu se limitează la universul teluric, ele cuprinzând și planul cosmic, pe care acesta îl antrenează în avalanșa de nesiguranță resimțită. Intensitatea sentimentului de dragoste este exprimată prin metafora pietrelor, iar tăcerea simbolizează imposibilitatea comunicării acestui sentiment iubitei („Și-atunci mă apropii de pietre și tac").

Prozodia

Prozodia este caracterizată de lipsa uniformității, precum se întâmplă adesea în cazul lui Stănescu. Măsura este deosebit de variată, versurile având între 7 și 15 silabe. Rima se diferențiază în cele două secvențe lirice, astfel încât prima strofă are rimă împerecheată, iar ultima strofă, care este un catren, are rimă încrucișată.

Genul liric

În poezia „Emoție de toamnă", sentimentele eului liric sunt exprimate în mod direct. Asemenea toamnei, care îi urmează, mohorâtă, verii exuberante, sentimentele eului liric devin nostalgice la amintirea intensității dragostei de odinioară.

Pe parcursul poeziei se remarcă prezența eului liric datorită subiectivității. Aceasta se realizează prin utilizarea pronumelor și verbelor la persoana I, singular („-mi", „mă tem", „mă apropii", „șuier", „iau", „prefac"). De asemenea, adresarea retorică evidențiază prezența eului liric prin pronumele și verbele la persoana a II-a, singular: „acoperă-mi", „ta", „n-am să te mai văd", „ai să te ascunzi".

În „Emoție de toamnă", modul de expunere predominant este descrierea artistică, realizată printr-o multitudine de mijloace stilistice. Epitetele („aripi ascuțite", „ochi străin", dragoste mare") sunt utilizate pentru a crea imagini deosebit de expresive. Imaginile auditive se remarcă în mod special („Șuier luna", „mă apropii de pietre și tac").

Figurile de stil

Nichita Stănescu este cunoscut pentru inventivitatea privind adaptarea limbii române la particularitățile limbajul său poetic. Limbajul utilizat de Nichita Stănescu în versurile poeziei „Emoție de toamnă" conferă o expresivitate deosebită lucrării. Această expresivitate se manifestă cu ajutorul imaginilor artistice, dar și a figurilor de stil. Astfel, poezia este un text expresiv datorită imaginilor create și limbajului specific lui Stănescu, unde ambiguitatea domină, stimulând imaginația cititorului la nivel lingvistic. Trăirile interioare ale eului liric sunt declanșate de asocierea unor semnificații ale cuvintelor folosite cu sens conotativ.

Limbajul poetic al lui Stănescu este tipic neomodernismului. Intensitatea sentimentului de dragoste este exprimată prin metafora pietrelor, iar tăcerea simbolizează imposibilitatea comunicării acestui sentiment iubitei („Și-atunci mă apropii de pietre și tac"). Metafora frunzei de pelin („și el o să se-nchidă cu o frunză de pelin") îi urmează celei a „ochiului străin", reflectând amărăciunea sufletească prin cea fizică, tangibilă (pelinul fiind deosebit de amar). Dorința de a fi „acoperit" (protejat, așadar) de umbra iubitei reprezintă dorința de protecție prin revenirea la un moment din trecut, la „umbra" unei iubiri care se stinge.

Elegia

Elegia se definește drept specie a genului liric, caracterizată prin exprimarea sentimentelor de tristețe, regret sau melancolie. La început, poezia este scrisă în distih, exprimând sentimente de jale (distihul elegiac). Astfel începe și poezia „Emoție de toamnă", ce se deschide cu versurile: „A venit toamna, acoperă-mi inima cu ceva,/ Cu umbra unui copac sau mai bine cu umbra ta".

Adeseori, elegia are un pronunțat caracter meditativ, fiind exprimată printr o tonalitate tandră, precum se poate observa și în acest text. Astfel, Stănescu nu se oprește la scrierea sentimentele sale, ci le oferă semnificații cu profunde implicații filozofice și existențiale. Așadar, poetul împrumută întregului univers din durerea sa, în urma căreia planul terestru și cel cosmic se întrepătrund și nu se mai observă diferența dintre cele două. Eul liric își canalizează trăirile spre un țel mai înalt, care este dragostea față de poezie: „Șuier luna și o răsar și o prefac/ într-o dragoste mare”.

Concluzia

Poezia „Emoție de toamnă” se remarcă prin originalitate, expresivitatea limbajului și sensibilitatea emanată. Astfel, durerea resimțită de poet se caracterizează prin expansiune, ea devenind gradual durerea întregului univers. Fiind învins în postura de simplu om, el cunoaște o înălțare diferită din postura de poet (artist), atingând eternitatea printr-o dragoste mare: cea a poetului față de poezie.

DACĂ TIMPUL AR FI AVUT FRUNZE,
CE TOAMNĂ!

Nichita Stănescu

CÂNTEC DE IARNĂ

Ești atât de frumoasă, iarna!
Câmpul întins pe spate, lângă orizont,
și copacii opriți, din fuga crivățului...
Îmi tremură nările
și nici o mireasmă,
și nici o boare,
doar mirosul îndepărtat, de gheață,
al sorilor.
Ce limpezi sunt mâinile tale, iarna!
Și nu trece nimeni
doar sorii albi se rotesc liniștit, idolatru
și gândul crește-n cercuri
sonorizând copacii
câte doi,
câte patru.

DĂ-MI MÂNA,
MIREASĂ A MEA, SPERIATĂ,
ȘI SĂ FUGIM,
SĂ FUGIM AMÂNDOI.

Nichita Stănescu

ATÂT DE REPEDE

Atât de repede ne vine insomnia
brodându-ne ființe din afară.
Vrei pielea mea să-ți fie iia
care te-mbracă domnișoară?

Vrei tu să vreau să fii fiind
un fel de trup de arătare
și să te-nvăț cum ești murind
femeie-n pielea dumitale?

În pietre vrei, în recii fulgi
în dulcele meu strigăt de iubire...
Stai, nu fugi, o, tu ce fugi
călcând pe viața mea subțire.

AH! AM ATÂTA DRAGOSTE
ÎNCÂT MI-AR TREBUI
UN MILIARD DE ANI
SĂ VĂ SPUN O FĂRÂMĂ
DIN EA.

Nichita Stănescu

DE PREA MULT AER

Fără margine și limpezi
noi doi eram
Nimica, nimica nu ne despărțea
pe noi doi
Orice privire deodată
prin noi doi trecea
Umărul tău era mâna mea
ochiul meu era umbra ta
respirarea ta era
inima mea
glezna mea era
geana ta
gura ta era
vederea mea
nara mea era
coasta ta
Fără de margini și limpezi
noi doi eram
când deodată loc
n-am mai avut unul de altul
cum aerul apăsat în aer
sub aripa păsării zburânde.

SCRISOARE

Probabil că râul e mâna ce mângâie piatra
Probabil că dragostea
Este mâna care mângâie vremea.
Dar tu?
Tu tot mai miști cu gândul tău obiecte?
Tot mai împingi cu ochii goi lumina?

SURORII INIMII MELE

O, tu, ireala mea,
ce-ai pistruiat cerul cu stele,
mai vină înc-o dată,
în valul visurilor mele

O, ireal de ireala mea,
mai vină tu încă o dată,
dac-ai putea, de s-ar putea
și dezarmată,
lăsându-ți calul mort pe câmp,
coiful cel dulce cu panaș
și zaua cufundată-n dâmb
si sabia fără de sânge, naș.

O, ireal de ireal de ireala mea,
de-ai mai putea să îmi surâzi,
tu m-ai orbi cum se orbește-o stea
ce-și lasă razele-i lehuzi.

O, ireal de ireal de ireal de ireala mea,
eu cred că te-am visat că mai exiști,
natura mi-e din ce în ce mai grea
Și ochii mei din ce în ce mai triști.

CE SINGURĂTATE SĂ FII ORB
PE LUMINA ZILEI.

Nichita Stănescu

DE DRAGOSTE

Uneori în locul inimii îmi bătea luna,
și-atunci, noaptea, gândurile nu le puteam lega
de copaci și de turnuri și de nouri
iar tu, femeie, trecând pe-acolo te înnodai în ele
și rămâneai, nebănuind nimic.

În nesomn îmi clătinam tâmplele
de parcă aș fi smuls din mare un năvod
cu mii de chipuri de-ale tale repetate
zbătându-se luminiscent, în el.

Și nu voiam să mai pleci nicăieri,
ci în noaptea felină
aproape lucind de un ecou al stelelor,
să te apropii, să te apropii în lungul gândurilor mele
până îți voi simți răsuflarea
și-atunci, deodată, să se facă ziuă.

SUNTEM DOI
ȘI-N LOC DE INIMI
NE BATE LUNA.

Nichita Stănescu

SCURTĂ POVESTIRE

De mine, cum trecea grăbită,
își rupse umbra și, apoi,
cum i-o luai în brațe, iute
veni ca să mi-o ceară înapoi;

și astfel, ditamai bărbatul,
a fost nevoie ca s-ajut
o fetișcană să-și înnoade
umbra la gleznă c-un sărut.

ÎNTRE UN POET ȘI UN POET GENIAL
DISTANȚA ESTE NUMAI DE-O GEANĂ
DE COPIL.

Nichita Stănescu

LUPTĂTORULE...

Luptătorule,
când tragi cu săgeata
caută să nu rănești
făptura lui pretutindeni, — gândul,
făptura spiritului, — cuvântul,
făptura făpturii, — dragostea;
îți zic!

MI-A OCUPAT PUȚINUL
TIMP AL FIINȚEI MELE
UN SENTIMENT NUMIT DOR.

Nichita Stănescu

POEM

Îmi deschid ochiul
și te privesc.
Umărul meu, inima mea, frigul,
totul flutura înapoia lui
aidoma unei cozi de cometă.
Brațul mi-l întind spre tine –
cinci steaguri strălucitoare – unghiile,
fulgeră ridicate pe-o singură, nevăzută
coloană.

Tâmpla, obrazul, mi le adaog
tâmplei, obrazului tău,
și numai tâmplă sunt și numai
capăt de sprânceană.
Iar când îți spun: Te iubesc, –
trupul meu e numai prima literă, T,
iar restul
azvârlire.

Numai în somn mă risipesc egal
în mine însumi,
dar atunci sunt îmbrățișat
de visuri de pe o altă planetă
plină de statui care imită
absurdele, infernalele forme
ale nemișcării –
și trupul acela în relief
nu-mi aparține.

DE CE SE CEARTĂ
OCHII MEI DOI
PENTRU O SINGURĂ PRIVIRE.

Nichita Stănescu

LA ÎNCEPUTUL SERILOR

Liniştea te-nsoţea pretutindeni, ca o suită.
Dacă ridicai o mână, se făcea în arbori tăcere.
Când mă priveai în ochi, împietrea o clipită
din a timpului curgătoare putere.

Simţeam că pot adormi, visând stele locuite.
Şi, numai dacă m-ar fi atins umbra ta foşnitoare,
aş fi putut împinge nopţile-ncremenite
ca pe-o elice-naintând, spre soare.

Şi numai sentimentul acesta îmi da fericire,
numai gândul ca sunt şi că eşti.
Sprijineam pe ţârâitul greierilor coviltire,
sub care beam azurul decantat în ceşti.

Şi când sfârşeam cuvintele, inventam altele.
Şi când se-nsera cerul, inventam ceruri albastre,
şi când orele se-verzeau ca smaraldele,
ne bronzam la lumina dragostei noastre.

Dar tot timpul suna ceva... ceva răsuna,
un cântec de iarba cosită, de taciturne mări,
în care inima de-atunci îşi revărsa
meandrele pierdutelor candori.

ȘI NUMAI SENTIMENTUL
ACESTA ÎMI DA FERICIRE,
NUMAI GÂNDUL CA SUNT
ȘI CĂ EȘTI.

Nichita Stănescu

CA PE UN POST DE RADIO

Ca pe un post de radio te caut
la un aparat imperfect, —
când foarte clară,
când foarte neclară,
pierzându-te în mine
cum înțepătura unei insecte sublime.
La atâta dorință de a înțelege
legea mi-a devenit făr' delege.
Obosit de sfânta muncă a gândirii
mi se făcuse o aprigă sete de munți.
de piatre tăiate de sclavi,
de piramide.

MIRĂ-TE DE TOT
CE ȚI SE ÎNTÂMPLĂ,
MIRĂ-TE DE TOT CE VEZI,
ATÂT TIMP CÂT TE MIRI
EȘTI SALVAT.

Nichita Stănescu

ATUNCI – ROMANȚĂ

Era adânc, era tăcut,
picau pe jos andante
foiri de foi, când între noi
l-am rechemat pe Dante.

Eram absurd și spălăcit
și, lighioană dragă,
de ghidușari zburau bondari
zbenguitori, în șagă.

Era o broască lângă lac
micuță și țestoasă,
Un stâlp de lemn și telegraf,
vroia scâncind, acasă...

...Și becul a rămas stingher,
în mijlocul luminii...
Trecu în gând, pe lângă noi,
Francesca da Rimini.

Ceva micuț de tot și viu
s-a strâns în carapace,
Năsucă, ai strâmbat din glas
și-ai zis că nu îți place.

POEZIA NU ESTE
ÎNTR-O LIMBĂ ANUME
CI ÎNTR-UN SUFLET
ANUME.

Nichita Stănescu

CEAS SURD

„Ea n-a venit și nimeni mireasă
nu-mi va mai fi soție”
Ady Endre

Am așteptat întâi, să se usuce bine
noroaiele și nopțile din mine...
Dar palma fierbântată-a rechemat în ea
garoafa înflorită-n coapsa ta
și buzele încinse-au vrut în ele
sărutul cu arsuri de stele.

Tu goală-mi aiurai în piept
cuvântul mort, cuvântul cel nedrept:
„– Ce-s patimile arse toate-n tei?...
...și fericirea toată, toată... ce-i?”

– Poate privirea ta cu unde line
străluminată până-n mine
Poate uitarea ce fărâmă
potecile cu mers de râmă
intrate-n orele târzii...
...ori poate mersul tău când vii...

Am așteptat apoi, tăcerile să vină
cu aiurarea lor de taină și lumină
cu noaptea destrămată, calmă
Dar orele mi se rostogoliră-n palmă
și buzele-ngâimară-n ceasul surd, un cânt
din vorbe-amestecate cu pământ.

A PLÂNGE NU ÎNSEAMNĂ
A AVEA OCHI;
A PLÂNGE NU ÎNSEAMNĂ
DECÂT A FI.

Nichita Stănescu

PRELUDIU ÎN SI

Lustra joasă orb și-a rătăcit lumina
pe gravura lui Ravel și Debussy
și șarpele din mâini mi se oprește-n Si
și se oprește fremătând, pianina;

Surd, tăblia coboară până-n clape
tremurând în Si îngână – locul ei
făptura ta de somn, plutind în funigei
pe-acest sfârșit de stele și de ape.

Cântec spart veghează încă, în odaie,
Dansatorii încă nu s-au dezlipit
și încă, brațul cel străin e-ncolăcit
de cingătoarea ta ce se îndoaie.

Pete pe tăblie, pete moi, de sânge,
își ghicesc haot conturul tremurat
cum umed brațul îți zdrelește sânul dat
și te adună-n coapse și te frânge.

Ape murmură în cărnuri și în oase...
Albă, vii din umbra răsturnată-n prag,
ca și de-atâtea ori, să-mi spui că îți sunt drag
și să îmi lauzi mâinile nervoase.

Hai, iubito, spune-mi, spune-mi înc-odată:
șarpele din mâini, oprit în Si era?
Ca o frânghie galbenă și udă-n lustra grea
se clatină lumina atârnată...

E UN FEL DE A NU FI
SINGUR, TRISTEȚEA.

Nichita Stănescu

SCURTĂ POVESTIRE

De mine cum trecea grăbită
Își rupse umbra și apoi
cum i-o luai în brațe, iute
veni ca să mi-o ceară înapoi

și astfel ditamai bărbatul
a fost nevoie ca s-ajut
o fetișcană, să-și înnoade
umbra la gleznă, cu-n sărut.

RĂSARE-ȚI INIMA
ȘI UMPLEȚI-O CU VIAȚA ALTORA
CUM SOARELE UMPLE ÎNTUNERICUL
CU LUMINĂ.

Nichita Stănescu

RITM MOLCOM

...Ondulele limpezi coborâte-n sânge
și steaua aerului nu se răsfrânge...

Prin zborul cocorilor, iată
privirea te așteaptă filtrată
Pașii tăi îi aud și tu nu vii
cu liniștea suplă a marilor fluvii.

Lângă copacii de marți
lângă copacii de miercuri
lângă copacii de joi
lângă copacii de vineri
O, pașii tăi limpezi și tineri!

DOUĂ GURI SĂRUTÂNDU-SE,
CE INFINIT!

Nichita Stănescu

UN COPIL TRECEA PRIN GARĂ

De la geamul trenului am văzut într-o gară de munte
un copil suav, o fată, trecând
prin frigul curat, prin razele soarelui
absolut fiind, absolut existând.

Ea tăia în două gara, aerul, muntele
ca un tunel de lumină curată,
ea trecea prin inima mea, prin osia trenului
prin aripa vulturului

Unde se ducea, nu știu.
Inimă, unde se ducea? Nu știi.
Aer de gheață, unde se ducea?
Nu știi.

Ea exista, ea era.
Totul se dădea în lături din fața ei.
Ea ținea în mână o carte de citire
învelită într-un ziar.

De bună seamă într-un ziar de copii.
De bună seamă o carte de citire
din care inorogii urmează să învețe
să citească alfabetul inorogilor.

După ce a trecut,
și aerului, și gării,
și trenului,
și mie,
ni s-a făcut urât

AUTOPORTRET

EU SUNT FERESTRELE UNUI ZID
CARE NU A FOST ÎNCĂ
RIDICAT.

Nichita Stănescu

Eu te-am rupt pe tine din aer
zeitate melodioasă, subţire,
ca să-mi trec inelul braţului meu
în jurul mijlocului tău nervos, ca un deget.
O, revărsare de mirosuri suave;
alergare de iepuri; albine de ziuă;
lină topire de lumi a gheţii!
Alunecare a pletelor, geamănă
cu singurătatea neagră a pământului...
Nu te voi învăţa niciodată
nici un cuvânt din limba după-amiezelor.
Nu-ţi voi destăinui niciodată
nici un adevăr al nemişcărilor.
Rămâi deci cu mine, rămâi,
întruna curgând peste bolovanii albaştri
ai ochilor,
pe sub sălciile arămite de toamnă
ale coastelor,
şi-adormi tu, adormi
sub cortul şuierător al trupului meu
visând că eşti trează.

DE CÂTE ORI MĂ GÂNDESC
LA TINE, PARCĂ SIMT UN CUȚIT
ÎN INIMĂ.

Nichita Stănescu

ESTOMPARE

Din ce în ce te stingi, te ștergi
de peste sternul meu, făptura,
dira lucindă şi, de melci,
tandra arsură.
Abia te ţin într-un cuvânt,
ori în albastrul meu iris,
iarba-încolțind dintr-un pământ
de somn, de vis.
Dacă-nchid ochiul, te strivesc în pleoape,
dacă respir, te-împing în aer,
neoglindito peste ape
tu, dulce vaer.
Ah, vine norul şi mă șterge
cu un burete foarte rece.
Rămân ce-am fost, un tron de rege
din care ai plecat de mult...

FII ATENT CUM VORBEȘTI,
CUVINTELE ATRAG FAPTELE.

Nichita Stănescu

CĂTRE GALATEEA

Îți știu toate timpurile, toate mișcările, toate parfumurile
și umbra ta, și tăcerile tale, și sânul tău
ce cutremur au și ce culoare anume,
și mersul tău, și melancolia ta, și sprâncenele tale,
și bluza ta, și inelul tău, și secunda
și nu mai am răbdare și genunchiul mi-l pun în pietre
și mă rog de tine,
naște-mă.

Știu tot ce e mai departe de tine,
atât de departe, încât nu mai există aproape -
după-amiază, după-orizontul, dincolo-de-marea...
și tot ce e dincolo de ele,
și atât de departe, încât nu mai are nici nume.
De aceea-mi îndoi genunchiul și-l pun
pe genunchiul pietrelor, care-l îngână.
Și mă rog de tine,
naște-mă.

Știu tot ceea ce tu nu știi niciodată, din tine.
Bătaia inimii care urmează bătăii ce-o auzi,
sfârșitul cuvântului a cărui prima silabă tocmai o spui
copacii - umbre de lemn ale vinelor tale,
râurile - mișcătoare umbre ale sângelui tău,
și pietrele, pietrele - umbre de piatră ale genunchiului meu,
pe care mi-i plec în fața ta și mă rog de tine,
naște-mă. Naște-mă.

TOT CE EXISTĂ ARE
O SĂRBĂTOARE A SA.

Nichita Stănescu

AER DE TOAMNĂ

Mă curenta privirea ta
intâmplâtoare.
Frunza tristeții de pe chip
deodată mi-o smulgeai,
și stam în soare,
cu chipul nemișcat și-ndrăgostit.

Mă curenta privirea ta
întâmplatoare,
somnul cu vise mi-l smulgea.
O, și lăsa deasupra mea, în soare
doar ramuri de copaci
și păsări rotitoare.

Mă curenta privirea ta
întâmplatoare,
și totul devenea în jurul meu
amănunțit.
Și îmi părea
c-a fost așa de totdeauna,
și soarele-l uitam, pe bolta-nțepenit.

ÎNDRĂGOSTIȚII SUNT
PIETONI AI AERULUI.

Nichita Stănescu

ATÂT DE MÂNDRU EA MERGEA

Atât de mândru ea mergea
şi-atât de galeş, singuratic.
Vedere mult prea mult avea
albastru ochi al meu apatic.
Atât de tandru mirosea
când nara mea de bot de câine
mult lungă o adulmeca
şi azi şi mâine.
Atâta viaţă amărâtă
stătea în ea mai râsă-plânsă
atâta lapte de cucută
aş fi băut de doruri însă
ea s-a fost dus, ea s-a fost dus
doar de la mine
şi doar o vorbă nu i-am spus
în veşnicie.

DRAGII MEI, FERIȚI-VĂ SĂ AVEȚI
DREPTATE PREA REPEDE,
PREA DEVREME – CA SĂ AVEȚI
LA CE VISA!

Nichita Stănescu

PORTRET DE ADOLESCENTĂ

Erai atât de copilăroasă, încât
Aproape ți-era teamă să privești
copacii și stelele, în ochi.

Dar nici de plecat nu plecai
de lângă trunchiul copacului,
de sub stelele serii.

Și dacă mă gândesc mai bine,
în aerul din jurul tău nu se petrecea nimic.

Oare tu te uitai prin el,
ca printr-un ochean?
... Stelele serii, călătorind prin aerul proaspăt
îți spuneau ceva aparte? Și numai ție?

Nu pot să știu nimic.
Eu te priveam ore-n șir,
până când privirile mele
dădeau frunze albastre,
până când vântul mi le smulgea,
ori cădeau ele singure, îngălbenite, la pământ.

Și-atunci abia, poate că venea toamna...
Dar dacă mă gândesc mai bine,
nici de aceasta nu eram prea sigur.

A TE NAȘTE ESTE
O CONDAMNARE LA MOARTE.
DUPĂ FELUL PĂCATULUI
ȘI PEDEAPSA: UNII OAMENI,
ALȚII PĂSĂRI, ALȚII PIETRE.

Nichita Stănescu

ARS POETICA

Îmi învăţam cuvintele să iubească
le arătam inima
şi nu mă lăsam până când silabele lor nu
începeau să bată.

Le arătam arborii
şi pe cele care nu voiau să foşnească le
spânzuram fără milă, de ramuri.

Până la urmă, cuvintele
au trebuit să semene cu mine
şi cu lumea

Apoi
m-am luat pe mine însumi,
m-am sprijinit de cele două maluri
ale fluviului,
ca să le-arăt un pod,
între cornul taurului şi iarba,
între stelele negre ale luminii şi pământ,
între tâmpla femeii şi tâmpla bărbatului,
lăsând cuvintele să circule peste mine,
ca nişte automobile de curse, ca nişte trenuri
electrice,
numai s-ajungă mai iute la destinaţie,
numai ca să le-nvăţ cum se transportă lumea,
de la ea însăşi,
la ea însăşi.

CUPRINS